Pumpkin

Laura Young

Pumpkin

Der Waschbär, der vom Baum fiel und eine neue Familie fand

FREDERKING & THALER

Für meine Eltern,
Rosie und Peter

Verantwortlich: Susanne Caesar
Übersetzung aus dem Englischen: Christine Schnappinger
Satz, Lektorat & Korrektorat: VerlagsService Dietmar
Schmitz GmbH
Umschlaggestaltung: Christa Thieser
Gesamtherstellung: Verlaghaus GeraNova Bruckmann
GmbH

Printed in Slovenia by Florjancic

Die Deutsche Nationalbibliothek verzeichnet diese Publi-
kation in der Deutschen Nationalbibliografie; detaillierte
bibliografische Daten sind im Internet über http://dnb.d-
nb.de abrufbar.

Die Originalausgabe mit dem Titel *Pumpkin The Racoon
Who Thought She Was a Dog* wurde erstmals 2016 im Verlag
St. Martin's Press, New York veröffentlicht.

PUMPKIN. Copyright © Laura Young
Copyright © 2019 für die deutschsprachige Ausgabe:
Frederking & Thaler in der Bruckmann Verlag GmbH,
München

Alle deutschsprachigen Rechte vorbehalten.

ISBN 978-3-95416-294-9

Unser komplettes Programm finden Sie unter:

www.frederking-thaler.de

Dank

Dieses Buch ist ein Traum, der wahr geworden ist, und ohne die Hilfe der vielen wunderbaren Menschen, die sich unserer kleinen Waschbärin Pumpkin und unserer Hunde Toffee und Oreo angenommen haben, wäre das niemals möglich gewesen. Ich danke meinen wunderbaren Eltern Peter und Rosie für die Betreuung und Pflege unserer Pelzkinder. Mama, ohne dich könnten wir noch nicht einmal die Hälfte der Dinge schaffen, die wir tun. Dad, danke, dass du jedes Insekt, Säugetier oder Reptil in einen »George« verwandelt hast. Kyle, danke, dass du Pumpkins Social-Media-Guru bist und dass du dir permanent die Geschichten über unsere pelzige Banditin angehört hast! Edward, danke, dass du bis in die Puppen wach geblieben bist und mir geholfen hast, all die Fotos zu bearbeiten – wen sonst hätte ich um zehn Uhr nachts anrufen können, um meine Nerven zu beruhigen! Steven und Hayley, danke, dass ihr immer so geduldig beim ständigen Pumpkin-Geschnatter seid! Celine, das gilt auch für dich. Und danke dafür, dass du Kyle mit mir geteilt hast, als die Dinge »ins Rollen« kamen, und dafür, dass du dir meine ständigen Befürchtungen angehört hast! Alexis, danke, dass du mir die Zuversicht geschenkt hast, meinem Herzen zu folgen, und mich immer unterstützt hast.

Gilly, danke, dass du dich in den ersten Tagen ihres neuen Lebens um unsere kleine Pumpkin gekümmert hast, und danke Molly, die ihr diesen schönen Namen gegeben hat. Kim Aranha, vielen Dank dafür, dass du dich an diesem Buch beteiligt hast, und für alles, was du für die Bahamas Humane Society und für die Tiere auf den Bahamas tust! Sam und Leean von Lovesniffys, danke, dass ihr Pumpkin immer mit den köstlichsten Leckereien versorgt habt! An die wunderbaren Menschen vom Dodo, danke, dass ihr die Geschichte von Pumpkin weitergegeben habt. Ihr habt uns dabei geholfen, diese unglaubliche Sache auf den Weg zu bringen! Alex Slater, danke für deine tolle Unterstützung während dieser ganzen verrückten Reise. Du bist vom ersten Tag an über dich hinausgewachsen! Vielen Dank an Alicia Clancy und das gesamte Team der St. Martin's Press für die Geduld und Freundlichkeit während des gesamten Entstehungsprozesses dieses fantastischen Buches.

An die unglaublichen Fans von Pumpkin – ihr seid die aufbauendsten und treuesten Freunde unserer drei Mädchen. Nichts von alledem wäre ohne euch möglich gewesen, und ich werde euch auf ewig dankbar sein für die Freundlichkeit und Liebe, die ihr meiner Familie und mir entgegenbringt.

Und an meinen wunderbaren Will, danke, dass du der freundlichste und geduldigste Ehemann der Welt bist. Was für ein Abenteuer erleben wir mit unseren drei pelzigen Mädchen! Ich liebe dich!

Dies ist die Geschichte eines verwaisten bahamaischen Waschbärmädchens namens Pumpkin und ihrer beiden besten Freundinnen, Toffee und Oreo. Pumpkin ist ein Inselmädchen durch und durch, aber im Gegensatz zu ihren wild lebenden Verwandten bleibt sie lieber im Haus. Sie mag Klimaanlagen, einen Rest Tee ab und zu und frisch gebratene Spiegeleier. Pumpkins Geschichte ist einzigartig, denn sie lebt nicht nur auf den Bahamas, sondern hat auch beschlossen, Toffee und Oreo zu ihren lebenslangen Freundinnen, ihren Schwestern und sogar Ersatzmüttern zu machen. Toffee und Oreo sind Hunde, »Potcakes«, genauer gesagt, der bahamaische Ausdruck für »Köter«. Niemand weiß wirklich, warum sie Potcakes genannt werden, und es gibt viele verschiedene Theorien diesbezüglich, darunter meine, die darauf beruht, dass diese Hunde übrig gebliebenes Johnny-Cake-Brot (eine regionale Spezialität) aus dem Topf fressen würden. Als mein Mann Will und ich die beiden weiblichen Welpen am Straßenrand fanden, waren sie gerade mal acht Wochen alt. Sie hatten einen holprigen Start ins Leben und waren in einem schrecklichen Zustand. Toffee war von einem Auto angefahren worden und ihre Hüfte sowie ein Knie waren gebrochen, während Oreo übel geschlagen worden war. Wir wussten sofort, dass sie zu uns gehörten, und wir taten, was wir konnten, um sie gesund und glücklich zu machen.

Es dauerte nicht lange, bis sich die beiden an ihr komfortables neues Leben gewöhnt hatten, und sie sind mittlerweile die Chefinnen im Haus. Fast sechs Jahre später, im Oktober 2014, kam Pumpkin dazu, nach einer ungewöhnlich stürmischen Woche auf den Bahamas. Die kleine Waschbärin fiel im Garten meiner Eltern, Rosie und Peter, vom Baum, als sie erst einen Monat alt war, und brach sich ein Bein. Als die Waschbärenmutter nicht zurückkehrte, wurde alles getan, um dem kleinen Wesen eine Chance zu geben. Wir nahmen das Waschbärenbaby zu uns und päppelten es mit der Hilfe von Freunden und Tierärzten auf. In den ersten Tagen seines neuen Lebens kam es bei einer Familie unter, die sich schon früher um verletzte Waschbären gekümmert hatte, und dort gab ein kleines Mädchen namens Molly unserer Pumpkin ihren Namen. Wir haben unsere Entscheidung nie bereut. Jeden Tag wurde Pumpkin stärker und mutiger, und als sie Toffee und Oreo kennenlernte, schloss sie sofort Freundschaft mit ihnen. Die Hunde bewachten und beschützten Pumpkin, und es dauerte nicht lange, bis Pumpkin begann, ihren beiden neuen Freundinnen überallhin zu folgen und ihnen nicht mehr von der Seite zu weichen. Es war für uns alle überraschend zu sehen, wie diese drei Findelkinder eine so innige Verbindung miteinander eingingen. Oreo verhält sich wie eine Mutter, kuschelt mit Pumpkin und maßregelt sie, wenn sie sich allzu rüpelhaft aufführt. Sie betüddelte Pumpkin von Anfang an und versuchte einige Zeit lang sogar, sie zu säugen. Toffee liebt es, mit Pumpkin herumzutollen oder sie unter der Decke unseres Bettes aufzuspüren, wenn sie sich darunter versteckt hat. Pumpkin begann sich mit jedem Tag mehr und mehr wie ein Hund zu benehmen – sie zog es vor, wie ihre Schwestern auf dem Boden zu bleiben und auch alles andere, was sie taten, zu kopieren! Es sind drei ganz besondere Tiere, und unsere kleine Familie bringt mich jeden Tag zum Lächeln. Ich

hätte mir in meinen kühnsten Träumen niemals vorstellen können, dass Menschen an Pumpkin und ihren täglichen Abenteuern so großen Anteil nehmen würden. Ich fing an, Bilder auf Instagram zu posten, um Freunden und Familie die Möglichkeit zu geben, Pumpkins Fortschritte zu verfolgen und zu sehen, wie gut sie sich in ihrem neuen Zuhause einlebte. Es war aufregend und nicht zu übersehen, wie ihr Charakter sich entwickelte und ihre Bindung zu den beiden

Hunden von Tag zu Tag stärker wurde. Was ihre kleine Geschichte so besonders macht, ist die Art der Freundschaft, die diese ungleichen Wesen zueinander aufgebaut haben, und die zeigt, dass man Liebe an den unerwartetesten Orten finden kann. Meine Hoffnung ist, dass Ihnen dieses Buch etwas von der Wärme und dem Glück vermittelt, das ich fühlen durfte, als ich meine Lieblingsbilder von Pumpkin, Toffee und Oreo zusammenstellte. Ich hoffe, dass dieses Buch das Folgende zum Ausdruck bringt: Letzten Endes sind wir alle gar nicht so verschieden, und wenn Waschbären und Hunde Freundinnen werden können, dann können auch wir Mitgefühl und Liebe für jeden entwickeln – so andersartig er auch erscheinen mag.

Als Pumpkin in unser Leben trat, waren wir natürlich sehr nervös, als wir sie den Hunden vorstellten. Wir befürchteten, dass es nicht funktionieren und in einer Katastrophe enden würde. Als Oreo Pumpkin sah, fühlte sie sich aber sofort mit dem verwaisten Baby verbunden und entschied, dass sie zu ihr gehörte. Auch Toffee war begeistert. Ich kann mir vorstellen, dass sie dachte: »Ein neues Spielzeug!« Es dauerte etwas länger, bis sie erkannte, wie zart Pumpkin war, aber bald begann eine unglaubliche Freundschaft. Toffee sah Pumpkin nicht mehr als Spielzeug an, sondern als ihre neue Spielgefährtin, und mittlerweile spielen sie immer glücklich miteinander, ob es nun Pumpkin ist, die sich auf Toffee stürzt und ihrem Schwanz nachjagt, oder Toffee, die Pumpkin unter der Decke anstupst, um draußen zu spielen. Sie sind einfach unzertrennlich, und es ist wirklich herzerwärmend, ihnen zuzusehen.

Moment,
Moment!
Setz dich
da nicht
hin!!!

ICH LIEBE KEKSE!!!

Bereit machen zur Schnüffelattacke!

Yippie! Was für ein leckeres kleines Spiegelei!

Menschen – das beste und einzig wahre
Fortbewegungsmittel!

PUMPKIN:
»Na, na, na, Toffee … na, na, na.«

TOFFEE:
»Was machst du denn da?«

PUMPKIN:
»Ich tröste dich, Dummerchen!«

TOFFEE:
»Warum?«

PUMPKIN:
»Weil du traurig sein wirst, wenn du herausfindest,
dass ich deine Leckerlis aufgegessen habe!«

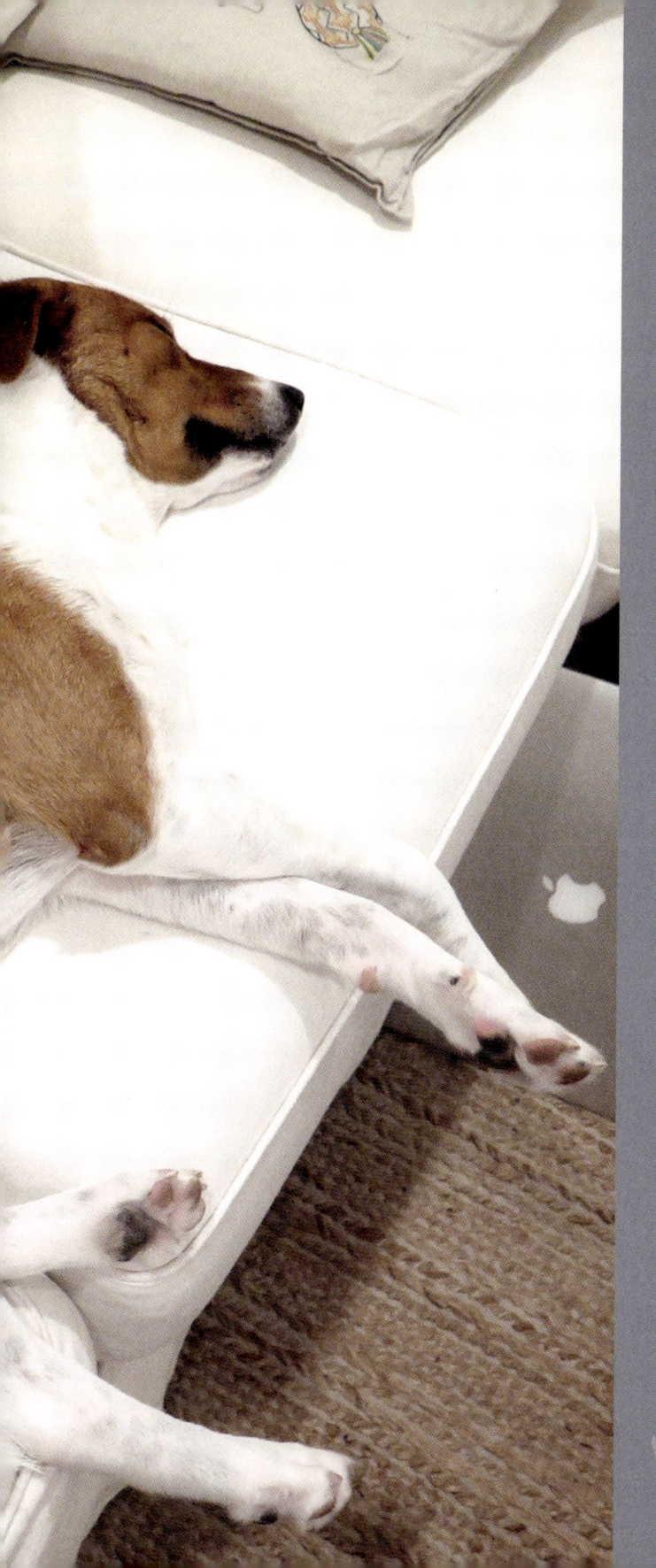

Toffee

... du

schnarchst

zu laut!

Toffee, nu stell dich nicht so an! Du warst ein-verstan-den damit, Zahnarzt zu spielen!

Kinders,
sie hat
gelogen ...
es ist
Brokkoli!

Oreo, ich weiß, dass ich schön bin.
Aber hat dir nie jemand gesagt, dass
es unhöflich ist, jemanden so anzustarren?

Das ist mein Nach-der-Erdnussbutter-Gesicht.

Eine der häufigsten Fragen, die uns gestellt werden, ist, wo Pumpkin aufs Töpfchen geht. Als unser Waschbärenmädchen noch sehr jung war, haben wir viele verschiedene Möglichkeiten ausprobiert: ein Katzenklo, sie in den Garten befördern, aber nichts funktionierte. Der Tierarzt schlug vor, Pumpkin in die Nähe eines Gewässers zu bringen, denn in der Wildnis ist das der bevorzugte Ort, an dem Waschbären ihr Geschäft erledigen! Es funktionierte, und wir hatten vor, einen Platz draußen für sie einzurichten, an dem sie sich ungestört fühlte! Eines Tages allerdings putzte ich mir die Zähne und Pumpkin spielte mit dem Wasser in der Toilettenschüssel. Plötzlich war sie seltsam still, und als ich hinübersah, um zu gucken, warum sie sich plötzlich so benahm, traute ich meinen Augen nicht! Da war Pumpkin, stand breitbeinig über der Toilettenschüssel, pinkelte und starrte mich an wie ein Kind, das wissen wollte, ob es seine Sache gut gemacht hatte! Sie sprang herunter, und ich, noch immer die Zahnbürste im Mund, drückte die Spülung, während sie beiläufig aus dem Raum spazierte, und das war's! Wir würden uns freuen, wenn sie herausfände, wie man spült … aber man mag ja nicht pingelig sein!

Tschuldigung, der Herr, haben Sie die auch eine Nummer kleiner?

Halt still, Pumps, ich möcht gucken, ob ich mir deinen kompletten Kopf ins Maul schieben kann!

Junge, Junge … das ist 'ne Menge Pizza!

Ich prüf nur, ob sie auch wirklich heiß ist, Ehrenwort!

Okay, vielleicht nur … eines …
ein klitzekleines … Stückchen.

Achte
darauf, meine
Schokoladen-
seite zu
nehmen!

Ist Kuscheln nicht das Allerbeste?

Kümmere dich nicht um mich,
ich mach nur ein kleines Power-Napping ...
in fünf Minuten tanz ich wieder auf dem Tisch!

Die Unschuld in Person … oder etwa doch nicht? Ich möchte euch eine Geschichte erzählen. Es ist eine epische Geschichte und in unserem Haus bekannt als »Die Große Pumpkin-Überschwemmung«. Eines Morgens wachte mein Mann auf und stellte fest, dass der Teppich nass war. Ich seufzte, aus meinem friedlichen Schlaf gerissen, und grunzte ihm schlaftrunken zu, dass da wohl einer der Hunde gepinkelt haben musste. Was für ein Albtraum! Will antwortete prompt: »Ich glaub nicht, dass das Pipi ist ….«, und verließ das Schlafzimmer. Dann fing er an, von unserem Wohnzimmer aus nach mir zu rufen, und ich schälte mich widerwillig aus der Kuscheligkeit meines Bettes. Als ich meine Füße auf den Boden setzte, war ich überrascht, in einer riesigen Pfütze zu stehen. »Na großartig! Wir haben einen Rohrbruch!«, war mein erster Gedanke. Ich stürmte ins Wohnzimmer und fand es zentimeterhoch mit Wasser bedeckt vor! Unsere Teppiche waren durchnässt, die Unterseiten unseres Sofas waren durchnässt, und alles, was zufällig auf dem Boden lag, war ein feuchtes Kuddelmuddel. Will und ich sahen uns an und rannten sofort zur Toilette, wo unsere geliebte kleine Pumpkin geschlafen hatte. Dort fanden wir sie, genüsslich im Wasserbecken spielend – sie hatte einen Riesenspaß daran, das Wasser aus dem Hahn in langsamem, stetigem Strahl über den Waschtisch bis auf den Boden laufen zu lassen. Ich stellte schnell das Wasser ab und hob sie hoch, aus Sorge, dass sie sich in

Gefahr befand. Wir stellten bald fest, dass unser frecher kleiner Waschbär herausgefunden hatte, wie man den Wasserhahn aufdreht, um mit dem feuchten Nass zu spielen. Ich inspizierte den Zustand des Badezimmers, das nun einem Hallenbad glich, war aber erleichtert zu sehen, dass sie eine trockene Zuflucht in der Badewanne gehabt hatte. Nachdem ich sichergestellt hatte, dass sie wohlauf und trocken war, setzte ich sie ab – und sie begann sofort damit, herumzuspringen und in die überall verstreuten Pfützen zu hopsen. Will und ich machten uns an die Arbeit und versuchten, unsere nassen Möbel und Teppiche nach draußen zu schaffen, während Pumpkin glücklich herumwuselte. Sie schien viel Freude daran zu haben, uns zu beobachten, wie wir das Haus wischten und trockneten, und sie benutzte ihre kleinen Hände, um zu versuchen, unsere Mopp-Stiele zu greifen, was die Arbeit umso schwieriger machte. Ich stellte mir vor, dass sie uns für ziemlich langweilig hielt, weil wir ihr den ganzen Spaß an der Poolparty verdorben hatten! Will und ich lachten hysterisch – denn wem passiert so etwas? Leuten, die eine Waschbärin haben, so schaut's aus!

PUMPKIN: »Pumpkin ist auf der Jagd, ihrer Beute auf der Spur, ein Raubtier auf leisen Pfoten, das auf den richtigen Moment lauert, um zuzuschlagen!«

OREO: »Menno, Pumpkin, nu sei nicht so dramatisch und friss die Mandel einfach auf!«

Mit geht ein
Licht auf!

Heute war ein guter Tag.
Ich hab gegessen, geschlafen,
mit meinem Kauspielzeug gespielt.
Hab noch mehr gegessen ...
Jepp, war gut heute. Ich denke,
da hab ich mir jetzt noch ein
Nickerchen verdient!

Toffee, nicht bewegen!
Das ist die perfekte Sitzposition
für den Filme-Abend!

Hee, diese Fische
fürchten sich ja gar
nicht vor mir!

Oreo, kannst du
etwas gegen mein
Kopfweh machen?

OREO: »Findest du wirklich, du solltest so früh schon
diese Kokosnuss verputzen?«

PUMPKIN: »Du kennst ja mein Motto. Irgendwo auf
der Welt ist es immer schon fünf Uhr nachmittags!«

Hurraaaa! Es ist Kuchenzeit!

Ich will ehrlich mit euch sein. Niemals in einer Million Jahre hätte ich gedacht, dass ich einmal eine Waschbärenmama sein würde. Als Pumpkin in unser Leben kam, wollten wir zunächst unbedingt ein anderes Zuhause für sie finden, aber es gab keine anderen Möglichkeiten. Mein Mann und ich waren, um es vorsichtig auszudrücken, skeptisch, aber wir gingen einen Schritt nach dem anderen und holten uns Tipps und Tricks von Freunden und Tierärzten. Tag für Tag kam Pumpkins Charakter mehr zum Vorschein. Wir verliebten uns mehr und mehr in diesen kleinen Schlingel, und mittlerweile hat sie buchstäblich unser Leben übernommen. Alles Mögliche musste sich bei uns ändern, um sicherzustellen, dass es ihr gut geht. Pumpkin hat ihr eigenes Badezimmer, und wir mussten einen Teil unseres Schrankes räumen, weil Pumpkin ihn zu ihrem Terrain erklärt hat. Wir passen uns an all ihre Bedürfnisse an, damit sie glücklich ist und sich wohlfühlt. Zu sagen, dass sie verwöhnt ist, ist eine Untertreibung! Pumpkin hat uns viele Veränderungen gebracht, aber wir wollten es nicht anders. Sie hat uns so viel beigebracht und wir könnten uns das Leben ohne sie gar nicht mehr vorstellen. Herzlichen Glückwunsch zum Geburtstag, Pumpkin! Du bist ein frecher kleiner Schatz, und wir lieben dich!

Hihi, guck mal! Ich bin
ein Pumpkin-Sandwich!
Witz verstanden?

PUMPKIN: »Toffee, hast du etwa mein Leckerli da drunter versteckt?«

TOFFEE: »Nö, ich hab's aufgegessen.«

Entschuldigen Sie,
haben Sie Toffee und
Oreo gesehen?

Ich weiß nicht ...
also für mich sehen
Sie nicht wirklich wie
Toffee aus!

Ich dachte
eigentlich,
dieser
Platz
wäre um
einiges
gemüt-
licher!

Plane Übernahme der Weltherrschaft ... aber zuerst ... brauche ich ein paar Snacks!

PUMPKIN: »Was wolltest du sagen, Oreo?«

OREO: »Es ist ein bisschen schwer zu reden, wenn du deine Pfote in meine Nase steckst!«

Bin ich nicht das süßeste kleine Kuschel-Monster, das es je gab?

PUMPKIN: »Oh, hat Mama ein Leckerli dagelassen?«

TOFFEE: »Also ich würde das lieber nicht essen!«

PUMPKIN: »Warum nicht? Könnte doch schmecken!«

Pumpkin hat es noch nie so mit dem Klettern gehabt. Als sie noch klein war und ihr Bein verheilt war, versuchten wir, ihr die Sache schmackhaft zu machen. Irgendwann begann ich sogar, auf Bäume zu klettern, in der Hoffnung, dass sie es mir nachmachen würde! Ohne besonderen Erfolg, denn anstatt zu klettern, rutschte Pumpkin, so schnell sie konnte, zurück auf den Boden und folgte weiterhin Toffee und Oreo! Will und ich ließen die beiden Hunde neben dem Baum Platz machen, und wir warteten und warteten, darauf hoffend, dass der Baum unsere kleine Waschbärin inspirieren würde. Tat er aber nicht. Eines Tages beschloss sie, hinaufzuklettern, blieb aber leider stecken und rührte sich nicht mehr vom Fleck. Mein Mann musste der Held des Tages sein und sie retten! Das war Pumpkins letzter Baumkletterversuch!

PUMPKIN: »Toffee … mache ich diese Sit-ups richtig? Ich versuche, die Weihnachtsplätzchen abzutrainieren.«

TOFFEE: »Wie viele davon hast du denn gegessen?«

PUMPKIN: »Wie viele Sit-ups müsste ich machen, wenn ich, sagen wir mal … hypothetisch gesehen … alle verputzt hätte?«

Frühstück schmeckt mit einer
schönen Aussicht gleich doppelt so gut.

Artige kleine Waschbären
schreiben immer brav ihre
Dankeskarten!

OREO: »Wir tun nichts Ungezogenes ... versprochen!«

PUMPKIN: »Das mag vielleicht für dich stimmen!«

Kaffee!
Ich …
brauche …
Kaffee!

Warum bekommen wir beide eine Auszeit?
Teddy hat angefangen!

PUMPKIN: »Ihhhh! Was ist das für ein
          Geruch?«

OREO: »Sieh nicht mich an!«

Aber Mama, du hast doch gesagt,
ich soll mir vor dem Abendessen
die Hände waschen!

Ich verstehe wirklich nicht,
warum man um Silvester
so einen Wirbel macht.

Zu sagen, dass Pumpkin das Essen liebt, ist eine Untertreibung. Sie ist vollkommen und durch und durch besessen davon! Das ist ein Instinkt, der bei diesem Waschbären-Hunde-Mädchen sehr intakt geblieben ist! Als wir Pumpkin zum ersten Mal mit fester Nahrung vertraut machen wollten, empfahl uns der Tierarzt, irgendwie Eier darin einzubauen. Er schlug vor, ihr ein gekochtes Ei zu servieren, denn mit Eiern spielen Waschbären gerne! Nun, Pumpkin spielte nicht damit und für eine Weile gab ich die Idee auf. Eines Morgens briet ich Spiegeleier für meinen Mann Will und mich selbst, als Pumpkin wild schnüffelnd in die Küche kam. Dann versuchte sie aufgeregt, an meinem Bein hochzuklettern, um einen Blick darauf zu werfen, was ich da machte. Fasziniert gab ich einen Teil meines Frühstücks in ihren Fressnapf, und dann begann Pumpkins Liebesaffäre mit Eiern. Sie ist regelrecht süchtig nach Eigelb, ein goldener Leckerbissen für sie, und sie erinnert mich jeden Morgen nachdrücklich daran, dass es Zeit zum Frühstücken ist! Wenn sie nicht bekommt, was sie will, versucht sie wie wild, meine Beine hochzuklettern und auf sich aufmerksam zu machen. Sobald sie jedes einzelne Gramm des Eies verschlungen hat, watschelt sie mit vollem Bäuchlein davon und widmet sich ihrer nächsten Lieblingsbeschäftigung, dem Schlafen.

Mama,

das Ei brennt an!

Gott sei Dank,
es ist perfekt!

PUMPKIN: »Oreo, hast du gewusst, dass ich Gedanken lesen kann?«

OREO: »Musst du mir dafür so nah auf die Pelle rücken?«

Es geht doch nix über
eine unterhaltsame
Lektüre ab und zu!

Ich bin die beste Küchenfee
aller Zeiten!

Das Tollste am Backen ist das Schüsselausschlecken!

Was soll das heißen,
»das ist nicht mein
Schwanz«?

Hey, Toffee, wach auf!
Ich will draußen spielen gehen!

Ich glaube, hier finden sie mich nicht!
Hier kann ich schlafen.
Den … ganzen … Tag … lang!

Du wirst immer unser kleiner
Valentinsschatz sein, Pumpkin!

Oh, was hast du
für mich dabei?

Was soll das heißen,
ich »kann nicht
fliegen«?

Och nööö, ist etwa schon
wieder Montag?

PUMPKIN:
»Toffee … beweg dich nicht!«

TOFFEE:
»Warum?

PUMPKIN:
»Ich glaub, ich hab gerade Mama
gesehen!«

TOFFEE:
»Na und?«

PUMPKIN:
»Ich hab 'nen Keks geklaut und ihn
unter dir versteckt!«

Toffee, halt still! Du hast da was im Auge!

Eine der süßesten Besonderheiten, die ich an der Freundschaft zwischen Pumpkin und den Hunden bemerkt habe, ist, wie sehr Pumpkin ihre Freundinnen vermisst, wenn sie weg sind. Jeden Morgen, wenn ich Pumpkin von ihrem Schlafplatz hole, sagt sie zuallererst einmal Oreo und Toffee Hallo. Sie geht auf sie zu, greift nach ihren Nasen, leckt sie oder knabbert sie sanft. Pumpkin wiederholt dieses Ritual, wenn sie von Spaziergängen zurückkehren, und wenn sie oben in ihrem Kuschelschrank ist, öffnet sie immer eine Tür, um zu sehen, ob sie es wirklich sind. Sie mag es nicht, lange von ihren Freundinnen getrennt zu sein, und Toffee und Oreo geht es ebenso. Wenn Pumpkin noch schläft, geht Toffee zur Tür und schnüffelt, als wolle sie sagen: »Na komm, wach auf!«. Es ist so niedlich. Wir lieben es, ihre Beziehung aufblühen zu sehen!

Oreo, versprichst du mir,
dass du mich immer
lieben wirst?

Immer!

Geteiltes Glück ist
doppeltes Glück, Toffee.

ALLES FÜR MICH?

Bauchmassage?

Nö. Keine Ahnung, wie all der Sand da hingekommen ist ...

Hast du »Abendessen« gesagt?

Ich denke, das würde im
Wohnzimmer toll aussehen!

Welch
natürliche
Schönheit ...
genau wie
bei mir.

Also das meintest du
mit einem »Spa-Tag«!

Und wofür genau sind
die Enten da?

»Pumpkin taucht aus dem Dickicht des Dschungel
auf und bahnt sich ihren Weg, näher und näher
in unbekannte Gefilde … die Küche!«

Aber Papa hat gesagt,
ich darf ein paar Kekse haben!

Mama, kannst du
mir eine Gutenacht-
geschichte vorlesen,
bitte?

Psst, verrate es nicht,
Toffee, aber ich will mich
auf sie stürzen!

Mama hat die kniffligen Jalousien aufgehängt.
Das wird mich aber nicht davon abhalten,
sie zu erobern!

Toffee, Mama sagt, wenn du weiterhin so doof guckst, wird dein Gesicht eines Tages so bleiben!

Wenn wir lächeln —
fütterst du uns dann?

Wie ging dieses Lied noch mal? »Am Sonntag will mein Süßer mit mir Schaukeln gehn«?

Ich habe weder deine Tasche noch deine Bluse oder deine Halskette gesehen … Ehrenwort!

Ich mag diesen Hut
absolut gar nicht!

Er passt null zu meinem Outfit!

Mama, bist du dir sicher, dass eine Hurrikan-Party eine gute Idee ist?

Das Leben mit Pumpkin ist Tag für Tag ein Abenteuer und sie amüsiert uns immer wieder mit etwas Neuem. Will und ich lieben es, unsere lustigen Familienerlebnisse zu teilen und zu sehen, wie viel Freude andere an Pumpkin haben. Es war erstaunlich zu sehen, wie viele Menschen auf der ganzen Welt Pumpkin berührt hat, und wir werden Pumpkins Online-Tagebuch immer wieder aktualisieren, um alle an den täglichen Possen von Pumpkin und ihren zwei besten Freundinnen teilhaben zu lassen!

TOFFEE:

»Was denkst du, kocht sie
da drinnen?«

OREO:

»Keine Ahnung. Will wer nach-
gucken gehen, um es heraus-
zufinden?«

PUMPKIN:

»Nee, lass uns abwarten ... sie
gibt immer klein bei und bringt
es uns!«

Nur weil *sie* müde ist, heißt das nicht, dass auch ich ins Bett muss ... richtig?

Mal sehen, wie meine Chancen stehen,
das Frühstück im Bett serviert zu bekommen ...

PUMPKIN: »Toffee, dieses seltsame Ding ist wie eine Schachtel Pralinen – man weiß nie, was man kriegt.«

TOFFEE: »Ach du lieber Himmel. Pumpkin denkt, sie würde in einem Film mitspielen. Oreo, wir müssen dafür sorgen, dass sie weniger Zeit vor dem Fernseher verbringt!«

Manchmal muss man einfach innehalten und an einer Rose schnuppern.

OREO:
»Pumpkin, man muss erst einmal nach draußen gehen, um ein Sonnenbad zu nehmen!«

PUMPKIN:
»Oh, aber drinnen ist es viel kühler!«

Gegen eine frische Kokosnuss
hat der Montagsblues keine
Chance!

Bitte,
Oreo!
Eine Runde
Huckepack.
Nur eine
einzige Runde!

Süße Träume, Toffee.

PUMPKIN: »Toffee, guck ihr einfach fest in die Augen, sie ist ahnungslos!«

TOFFEE: »Ich fürchte, sie hat die Krümel um meine Mundwinkel herum gesehen!«

PUMPKIN: »Einfach … Ruhe bewahren!«

Ich liebe dich, Oreo!

Schlusswort

Mein Name ist Pumpkin. Die meisten Leute nennen mich Pumpkin das Waschbärmädchen, aber ich weiß nicht wirklich, was das bedeutet. Was ist eigentlich ein Waschbär? Soweit ich das beurteilen kann, bin ich genau wie meine Schwestern Toffee und Oreo! Ich habe vier Beine, einen Schwanz, zwei Augen und eine Nase mit Schnurrhaaren! Na okay, ich kann ein paar Dinge mehr als sie. Ich weiß, wie man auf zwei Hinterbeinen steht, das gefällt mir. Und ich wasche mein Essen – aber im Grunde genommen sind wir nicht arg verschieden. Ich liebe nichts mehr, als mit ihnen zu spielen, zu toben, ihre Schwänze zu jagen und neben ihnen auf dem Sofa oder im Bett meiner Eltern zu kuscheln. Als ich zu ihnen kam, war ich noch sehr jung, daran erinnere ich mich nicht mehr so gut. Ich erinnere mich aber daran, dass ich die Wärme von Oreos Fell spürte und die Küsschen, die sie mir gab. Ich erinnere mich, dass Toffee mir beigebracht hat, keine Angst davor zu haben, draußen zu spielen, und ich erinnere mich daran, dass ich aus einem Fläschchen getrunken habe, das Mama mir immer gab. Einige meiner Lieblingsbeschäftigungen sind Schlafen, Essen und Spielen. Ich liebe es, im Schrank ein Nickerchen zu machen, auf all den Kleidern meiner Mama – mit weit geöffneten Türen natürlich, damit ich immer mitbekomme, was los ist. Aus irgendeinem Grund mag Mama das aber nicht so besonders. Sie zieht es vor, dass ich nur eine Tür offen lasse und schließt immer den Rest. Das macht sie ungefähr zehnmal am Tag!

Sie murmelt immer: »Du ungezogener kleiner Waschbär!« Manchmal greife ich nach unten und schnappe mir eine ihrer Blusen. Sie fühlen sich so weich an, und ich liebe es, mit ihnen zu spielen. Es macht extrem viel Spaß, auf ihnen herumzukauen! Vielleicht nennt Mama mich deshalb »unartig«, was immer das auch heißen mag! Mama macht die besten Spiegeleier der Welt! Spiegeleier mit flüssigem, zerlaufenden Eigelb sind die beste und einzig wahre Art, Eier zu essen. Ich liebe sie so sehr. Ich mag auch Avocado, Papaya, Salat und

jede Menge andere herrliche Köstlichkeiten! Wenn ich besonders artig war, lässt mich Mama die letzten Tropfen ihres Tees austrinken, aber das darf ich nur ab und zu. Sie sagt, zu viel Süßes sei nicht gut für meine Zähne. Toffee und Oreo lieben es, mich für Abenteuer nach draußen zu locken. Ich muss zugeben, dass ich nicht allzu gerne im Freien bin. Auf den Bahamas ist es furchtbar heiß und stickig. Ich habe ein dickes Fell, und es ist unangenehm, draußen zu sein, wenn die Sonne scheint! Toffee und Oreo knuffen mich gerne im Freien, und wir haben Spaß daran, den Garten zu erkunden. Ich liebe es, nach Schnecken zu suchen und mit Kokosnüssen zu spielen, die von den Bäumen gefallen sind. Besonders gern tauche ich meine Pfoten in den Pool, aber allzu nah wage ich mich nicht heran! Meine allerliebste Beschäftigung überhaupt ist es, mit meiner Familie auf dem Sofa zu sitzen. Ich liebe es, ihnen beim Reden zuzuhören und mich neben Oreo und Toffee zu kuscheln, wenn ich müde bin. Mama streichelt mir immer meinen Hals und meinen Bauch und, ehe ich es merke, bin ich neben ihr eingeschlafen. Ich fühle mich immer so geborgen und glücklich, wenn ich bei ihnen bin. Auch wenn manche behaupten, ich sei anders als meine Schwestern oder meine Eltern, beschließe ich, nicht auf diese Leute zu hören. Meine Familie ist meine Familie, ich liebe sie und sie lieben mich – egal, wie oder wie anders ich auch aussehen mag.

In Liebe, Pumpkin

Brief von der
Bahamas Humane Society

Laura und Will sind zwei wundervolle Tierfreunde, die bei der Tier-
hilfe und bei der Unterstützung der Bahamas Humane Society in
vielerlei Hinsicht an vorderster Front mit dabei waren. Die kleine Pumpkin aufzunehmen ist nur eines von vielen wunderbaren
Dingen, die sie getan haben. Als Präsidentin der Bahamas Humane Society möchte ich jedoch daran erinnern, dass, obwohl Pumpkin das Waschbärmädchen eines der niedlichsten kleinen Tiere ist,
die ich je gesehen habe, es nicht ratsam ist, einen Waschbären als
Haustier zu halten, denn er ist ein Wildtier und sollte seine Freiheit
behalten dürfen. Die Situation war bei Pumpkin eine besondere,
weil sie verletzt und von ihrer Mutter verlassen aufgefunden wurde. Sie war so klein, dass sie mit der Flasche aufgepäppelt werden
musste. Als sie stark genug war, um in die Freiheit entlassen zu

werden, war sie bereits ein »domestiziertes« Haustier. Sie hatte eine außerordentlich stake Verbindung zu den beiden Hunden ihrer Pflegeeltern aufgebaut und ist mittlerweile eindeutig eine Ausnahme, aber es ist wichtig, dass wir Menschen im Blick behalten, dass Waschbären im Allgemeinen keine Haustiere sind und in die Wildnis gehören.

Kim Aranha

Präsidentin der Bahamas Humane Society

Schnappschüsse